BEI GRIN MACHT SICH
WISSEN BEZAHLT

- Wir veröffentlichen Ihre Hausarbeit,
  Bachelor- und Masterarbeit

- Ihr eigenes eBook und Buch -
  weltweit in allen wichtigen Shops

- Verdienen Sie an jedem Verkauf

Jetzt bei www.GRIN.com hochladen
und kostenlos publizieren

Tony Buchwald

Jin Nong. Malerei und Kalligraphie

GRIN Verlag

Bibliografische Information der Deutschen Nationalbibliothek:

Die Deutsche Bibliothek verzeichnet diese Publikation in der Deutschen National-bibliografie; detaillierte bibliografische Daten sind im Internet über http://dnb.d-nb.de/ abrufbar.

Dieses Werk sowie alle darin enthaltenen einzelnen Beiträge und Abbildungen sind urheberrechtlich geschützt. Jede Verwertung, die nicht ausdrücklich vom Urheberrechtsschutz zugelassen ist, bedarf der vorherigen Zustimmung des Verlages. Das gilt insbesondere für Vervielfältigungen, Bearbeitungen, Übersetzungen, Mikroverfilmungen, Auswertungen durch Datenbanken und für die Einspeicherung und Verarbeitung in elektronische Systeme. Alle Rechte, auch die des auszugsweisen Nachdrucks, der fotomechanischen Wiedergabe (einschließlich Mikrokopie) sowie der Auswertung durch Datenbanken oder ähnliche Einrichtungen, vorbehalten.

Impressum:

Copyright © 2009 GRIN Verlag GmbH
Druck und Bindung: Books on Demand GmbH, Norderstedt Germany
ISBN: 978-3-656-67100-8

Dieses Buch bei GRIN:

http://www.grin.com/de/e-book/274501/jin-nong-malerei-und-kalligraphie

GRIN - Your knowledge has value

Der GRIN Verlag publiziert seit 1998 wissenschaftliche Arbeiten von Studenten, Hochschullehrern und anderen Akademikern als eBook und gedrucktes Buch. Die Verlagswebsite www.grin.com ist die ideale Plattform zur Veröffentlichung von Hausarbeiten, Abschlussarbeiten, wissenschaftlichen Aufsätzen, Dissertationen und Fachbüchern.

Besuchen Sie uns im Internet:

http://www.grin.com/

http://www.facebook.com/grincom

http://www.twitter.com/grin_com

Ruprecht-Karls-Universität Heidelberg
Zentrum für Ostasienwissenschaften
Institut für Kunstgeschichte Ostasiens

,Autor: Tony Buchwald
04.07.2009

Jin Nong

-

Malerei und Kalligraphie

Inhaltsverzeichnis

Einleitung

In dieser Arbeit befasse ich mich mit Jin Nongs Malerei und Kalligraphie, wobei ich auf ein Albumblatt aus einem Album von Figuren und Landschaften, das er 1759 anfertigte, besonderes Augenmerk lege. Dabei werde ich versuchen, die Hintergründe für Jins einzigartigen Mal- und Schreibstil aufzudecken, um etwas Klarheit in diese biographisch eher verschwommene Person[1] zu bringen. Doch bevor dazu einige seiner Zeitgenossen und Vorgänger herangezogen werden, beginne ich mich einer kurzen Übersicht über sein Leben.

1.   Leben

Jin Nong 金農 wurde 1687 in Hangzhou 杭州 geboren[2]. Trotz seiner bürgerlichen Herkunft, hatte er schon früh die Möglichkeit, von lokalen Gelehrten wie Xiang Shuangtian 項霜霜 und He Zhuo 何焯 (1661 – 1722) unterrichtet zu werden.[3] Bereits in seiner Jugend, die er in seinem Geburtsort verbrachte, erlangte Jin Ruhm als Dichter und wurde unter bedeutenden Gelehrten wie z.B. Mao Qiling 毛奇齡 (1623 – 1716) und Zhu Yizun 朱彝尊 (1629 – 1709) für sein Talent bewundert.[4] Um 1723 verließ er Hangzhou und reiste die folgenden zwanzig Jahre durch das Land, wobei er zweimal die Hauptstadt Beijing 北京 besuchte. Auf seinen Reisen wurde er zum Sammler von Abreibungen alter Schriften, von denen er über eintausend Exemplare anhäufte. Dieser Sammeltrieb erstreckte sich ebenso auf Tuschesteine und andere Antiquitäten, die er als Geldquelle nutzte, indem er damit handelte[5]. Als einschneidenden Punkt in seinem Leben kann das Jahr 1736 genannt werden, in dem er zusammen mit 266 anderen Gelehrten für das *boxue hongci* 博學鴻詞 vorgeschlagen wurde, eine spezielle Beamtenprüfung für fortgeschrittene Gelehrte. Obwohl er sich, wie durch spätere Inschriften klar wird, sichtlich geehrt fühlte, lehnte er die Teilnahme zusammen mit Freunden wie Ding Jing 丁敬 (1695 – 1765) und Chen Zhuan 陳撰 (1678 – 1748) ab.[6] Dass er zu der Zeit bereits 50 Jahre alt war und deshalb keine Beamtenlaufbahn mehr einschlagen wollte, könnte ein Grund für die Ablehnung der Prüfung sein. Auf eine Erörterung möglicher politischer Beweggründe für seine Entscheidung, die durchaus eine Rolle gespielt haben könnten, muss hier jedoch verzichtet werden. In diesem Jahr begann er dennoch etwas Neues: Er widmete sich der Malerei, was in seinem ersten Album, das Gedichte und Essays berühmter Verfasser von der Song- bis zur Ming-Dynastie

---

[1] Hsü 2001, S. 163.
[2] Chou & Brown 1985, S. 188.
[3] Wu 2000, S. 243.
[4] Karlsson 2004, S. 38; Chou & Brown 1985, S. 188.
[5] Hsü 2001, S. 170.
[6] Karlsson 2004, S. 38; Chou & Brown 1985, S. 188.

illustrierte, zum Ausdruck kam.[7] Erstaunlich ist, dass er sich damit in diesem fortgeschrittenen Alter eine weitere Geldquelle schuf. Als Autodidakt erlernte er das Malen verschiedenster Motive wie z.B. Bambus, Pflaumen, Pferde, Figuren, Landschaften und buddhistische Figuren, die seine Hingabe zu dieser Religion verdeutlichen. Im Folgenden werde ich noch einige Male auf Aspekte seines Lebens verweisen, weshalb dieser kurze Abriss über sein Leben fürs Erste genügen soll.

2. Malerei

Damit komme ich nun zum eigentlichen Thema dieser Arbeit: Jin Nongs Album mit Figuren und Landschaften von 1759 aus dem Museum Shanghai bzw. Blatt 5 dieses Albums (Abb. 1). Wie die elf anderen Blätter des Albums ist es 26,1 x 34,9 cm groß, wobei sich die genaue Reihenfolge der einzelnen Blätter im Album nicht eindeutig nachvollziehen lässt. Die Bildelemente sind schnell erfasst: Vom Vordergrund zieht sich eine undefinierte Wasserfläche bis zum Mittelgrund, wo sie ihre einzige Begrenzung in Form eines hellbraunen Ufers hat. Auf dieser Fläche erstreckt sich, mit einer starken Linksorientierung im Bild, ein Feld von Wasserpflanzen, das in tiefem Grün abgebildet ist. Dazwischen befinden sich einige in rot gekleidete Figuren auf Booten, die diese zu pflücken scheinen. Im Hintergrund erstreckt sich ein Berg über die gesamte Breite des Bildes, welcher in blassem Blau gemalt ist und zum Fuß hin noch mehr verblasst, was die Illusion von Nebel oder tief hängenden Wolken entstehen lässt. Hierdurch wird wiederum eine besondere Tiefenwirkung erzeug. Der Kontrast zwischen blauen Bergen im Hintergrund und rot gekleideten Figuren im Vordergrund lässt sich ebenso innerhalb der Figuren erkennen. So ist ihre zweiteilig dargestellte Kleidung stets rot und blau. Jin Nongs Aufschrift dominiert das obere Fünftel des Albumblattes und ist an die Kontur des Berges angepasst. Abgeschlossen wird die Aufschrift am linken oberen Bildrand mit einem Siegel des Künstlers. Es zeigt einen von Jin Nongs zahlreichen *hao* 號, *guquan* 古泉 gelesen, was „antike Währung" bedeutet.[8] Die Aufschrift wird in „Luo Ping – Visionen eines Exzentrikers", dem Katalog zur gleichnamigen Ausstellung im Museum Rietberg Zürich wie folgt übersetzt:

„Die vielen Berge von Wuxing [Huzhou, Provinz Zhejiang] sind wie dunkelblaue Schneckenhäuser, die Bäume an deren Fuße stehen dichter als Ochsenhaar. Wassernüsse über Wassernüsse pflücken, zwischen den Booten Gelächter und Gesang. Der Nachkomme des Kaisers [Zhao Mengfu, 1254 – 1322] war voller Trübsal über seine Betagtheit, so malte er den Jade See [in Huzhou] mit seinen Wegen für die Boote. Die spitzen Enden der Boote, die Melodien so gefühlvoll, ich erinnere mich der roten Ärmel [der Frauen] im vergehenden Abendlicht.

---

[7] Li 1974, S. 223; Karlsson 2004, S. 39.
[8] Wu 2000, S. 242.

Dieses Gedicht machte ich als Aufschrift für das Bild *Wassernüsse pflücken* von Zhao Chengzhi [Zhao Mengfu]. An diesem klaren Sommertag habe ich keine Verpflichtungen. Ich male dieses Bild, um meine Gefühle auszudrücken, und schreibe dieses Gedicht auf, den kultivierten Leuten zum Geschenk, damit sie sich daran vergnügen können. Geschrieben von Qujiang waishi in der Mönchshütte in Guangling [Yangzhou], [Künstlersiegel] *Guquan*."[9]

Wir erfahren also, dass es sich bei den Figuren um Frauen handelt, die Wassernüsse pflücken, wobei der Vergleich der Berge mit Schneckenhäusern geradezu humoristisch wirkt. Das Auffälligste an dieser Aufschrift ist die genaue Bezeichnung seines Vorbildes, Zhao Mengfu 趙孟頫 (1254 – 1322). Dies findet sich nicht nur in seiner direkten Nennung, sondern ebenfalls in der Wahl der Landschaft. So nennt er die Berge von Wuxing 吳興, Zhaos Geburtsort[10], als Bildmotiv. Da er außerdem erwähnt, dass er das Bild in Yangzhou malte, ist klar, dass dies keine Darstellung der Realität sein soll, sondern aus dem Gedächtnis angefertigt wurde. Wuxing wurde auch vorher schon als Synonym für Zhao selbst benutzt, was im Folgenden durch ein Kolophon von Dong Qichang 董其昌 (1555 – 1636) noch gezeigt wird. Daher besteht hier auch die Möglichkeit, dass die ersten Worte der Aufschrift – „die vielen Berge von Wuxing" – ein direkter Bezug auf die von Zhao Mengfu gemalten Berge sein soll. Andererseits kann Jin hier auch auf ein bestimmtes Bild, nämlich Zhaos „Landschaft von Wuxing" *Wuxing Qingyuan* 吳興清遠 (Abb. 2), anspielen, welches ihm als Inspiration hätte dienen können. Doch bleiben wir zunächst bei Jin Nongs Aufschrift. Sie beschreibt nämlich auch das dominante Thema seines Albums. Da er stets, auch auf anderen Blättern daraus, in Nostalgie über vergangene Zeiten schwelgt und versucht, diese wachzurufen, ist wohl auch hier die Erwähnung der Betagtheit Zhao Mengfus und das Trübsal darüber eher ihm selbst zuzuordnen. Sein Siegel verstärkt diesen Eindruck. Wie gesagt, heißt es „antike Währung", was wiederum für Gold steht und somit eine Umschreibung seines eigenen Namens Jin – Gold ist[11]. Mit diesem Siegel deutete Jin Nong meiner Meinung nach bewusst auf den antiken bzw. alten Charakter der Währung hin, was die Vorstellung von einem mit seinem Alter unzufriedenen und daher in nostalgischen Jin Nong bestärkt. Ein weiteres Indiz für den selbstreferenziellen Charakter seiner Bilder ist die Tatsache, dass sie sehr selten ihrem angeblichen Vorbild ähneln. So sieht Richard Vinograd die Berufung auf antike Maler manchmal sogar als absurde und zwanghafte Herstellung einer Traditionslinie[12].

---

[9] Karlsson 2009, S. 271f
[10] Cahill 1976, S. 38.
[11] Wu 2000 Vol. II, S. 122.
[12] Karlsson 2009, S. 145; Vinograd 1992, S. 125.

2.1 Vergleich mit Zhao Mengfu

Doch bevor diese Aussage hingenommen wird, müssen die genannten Vorbilder zunächst genauer betrachtet werden. Zu diesem Zweck ziehen wir nun das wohl berühmteste Werk Zhao Mengfus, Jin Nongs vermeintlichem Vorbild, zur genaueren Betrachtung heran: „Herbstfarben auf den Que- und Hua-Bergen" *Quehua Qiuse* 鵲華秋色 (Abb. 3). Diese Querrolle stammt aus dem Jahr 1295[13] und misst ca. 93 x 28 cm. In Tusche und Farbe wurde hier eine offene Landschaft auf Papier gemalt. Sumpfiges, von Wasser durchzogenes Land erstreckt sich vom Vorder- bis in den Hintergrund, wo es schließlich von zwei Bergen eingegrenzt wird. Diese Berge sind die Namensgeber der Rolle. Der Berg Hua auf der rechten Seite ist durch eine dreieckige, zu den zwei Gipfeln hin spitz zulaufende Form bestimmt, während der Berg Qiao auf der linken Seite und etwas weiter im Hintergrund wie ein Laib Brot dargestellt ist, wie Li Zhuqing es beschreibt[14]. Im Marschland zwischen diesen Bergen sind verschiedenartige Bäume wie Weiden und Pinien verteilt. Dazwischen tauchen vereinzelt Boote mit Fischern auf Wasserwegen auf und auf der linken Seite des Bildes befinden sich zwischen den Bäumen vier Häuser. Diese unterscheiden sich trotz ihrer unterschiedlichen Entfernung zum Betrachter nicht in ihrer Größe. Die Abbildung ist zudem von einigen Inschriften sowie zahlreichen Siegeln umgeben. Farblich fällt sofort der Kontrast zwischen den tiefblauen Bergen und roten Hausdächern auf. Einige Ziegen sowie Blüten an Bäumen im Vordergrund zeigen ebenfalls eine rötliche Färbung.

Hier sind zwei namentlich genannte Berge gezeigt, die es wirklich in der Nähe von Jinan 濟南 gibt[15]. Jedoch stellte Zhao Mengfu sie nicht realitätsgetreu nach, sondern malte sie aus seiner Erinnerung und rückte sie dabei willkürlich näher zusammen.[16] Aus Inschriften geht hervor, dass dieses Bild seinem Freund Zhou Mi 周密 (1232 – 1298) gewidmet ist und dessen Erbheimat darstellen soll. Zhao war dort im Zuge seines Beamtendienstes für einige Jahre stationiert[17] und kannte die Gegend dementsprechend gut, wohingegen Zhou Mi selbst nie dort war. Zhou zog sich im Zuge der politischen Umstände aus dem öffentlichen Leben zurück und setzte sich weiter im Süden zur Ruhe, weit entfernt von seiner angestammten Heimat. Somit musste dieses Bild Stimmungen der Melancholie und Nostalgie in ihm wecken. Diese Tatsache scheint für Jin Nong, einen augenscheinlichen Liebhaber nostalgischer Gedanken und Darstellungen, besonders attraktiv gewesen zu sein.

---

[13] Li 1965, S. 22.
[14] Li 1965, S. 13.
[15] Ibid., S.22.
[16] Cahill 1976, S. 41.
[17] Li 1965, S. 22.

Kompositorisch lässt sich zwischen dem beschriebenen Bild und dem genannten Albumblatt Jin Nongs jedoch kaum Ähnlichkeit feststellen. Ebenso unterscheiden sie sich in der Wahl ihres Motivs. Lediglich das Genre der Landschaftsmalerei mit Figuren stimmt überein. Achtet man jedoch auf die Farbgebung, fällt sofort auf, dass hier der Bezug liegen muss, den Jin Nong in seiner Aufschrift meinte. Die Darstellung von rötlichen Motiven vor einem blauen Hintergrund aus Bergen ist bestimmend für die Art, wie Jin Zhao Mengfus Malerei gesehen haben muss. So malte Jin nicht einfach von anderen Bildern ab– und in den 20 Jahren des Reisens sah er sehr viele berühmte Werke[18] – sondern orientierte sich an einem bestimmten Modus, in dem er sein eigenes Bild anfertigte. Diese Vorgehensweise legte Jin Nong nicht nur in der Malerei an den Tag. In der Dichtkunst verhielt er sich ähnlich und begründete dies selbst folgendermaßen:

„[Wenn ich ein Gedicht verfasse], so gestalte ich die Komposition der Sätze und den Gebrauch der Reime mit Absicht so, dass sie sich von den konventionellen Regeln abheben. Damit kann ich alle Variationen der Dichtkunst ausschöpfen."[19]

Dass Jin schon in seiner Jugend aufgrund seines dichterischen Talents großes Ansehen unter bedeutenden Gelehrten genoss, bestärkt die These, dass er selbst ohne größeren Einfluss von außen zu solchen Denkweisen fand. Dieser Vorsatz spiegelt sich zwar ebenso in seiner Malerei und Kalligraphie wieder, jedoch sei hier auf einen Punkt hingewiesen, der meiner Meinung nach Beachtung verdient, bevor man seinen Malstil einzig auf die eigene Kreativität zurückführt.

Bis zu seinem 50. Lebensjahr lag Jin Nongs Geldquelle vor allem in der eigenen Dichtung und Kalligraphie, welche stets großen Anklang fanden. Nachdem er 1736 die Möglichkeit, eine Beamtenlaufbahn einzuschlagen und bis an sein Lebensende von dem damit verbundenen Einkommen zu leben, nicht nutzte, suchte er ein neues finanzielles Standbein und fand es in der Malerei. Hier zeigte er nun, wie schon zuvor in anderen Disziplinen, Besonderheiten, die bei keinem anderen Maler vor ihm oder zu seiner Zeit gefunden werden konnten, was in Verbindung mit seinen Aufschriften zu großer Beliebtheit seiner Bilder führte.[20]

Doch warum malte er überhaupt so anders als alle anderen? Zum einen wird sein mangelndes technisches Können für diesen Stil verantwortlich gemacht[21], was aufgrund der geradezu naiv und primitiv wirkenden Bilder auf den ersten Blick auch sinnvoll erscheint. Ich denke aber, dass einer der Ursprünge seines einzigartigen Stils bei Zhao Mengfu bzw. Dong Qichang zu finden ist. Mit diesem Stichwort kommen wir wieder zu Zhaos „Herbstfarben". Das Bild selbst zeigt bereits den Modus, in dem Jin Nong sein Albumblatt der Wassernuss-Pflückerinnen malte. Betrachten wir nun auch die

---

[18] Chou & Brown 1985, S. 188.
[19] Karlsson 2009, S. 139; Hsü 2001, S. 165.
[20] Wu 2000, S. 244.
[21] Karlsson 2009, S. 134.

zahlreichen Kolophone, die im Laufe der Jahrhunderte die Querrolle erweitert haben, können wir einen Hinweis darauf finden, warum Jin Nong gerade Zhao Mengfu in seiner Aufschrift zitiert. Dabei fällt ein Kolophon, das Dong Qichang 1605 verfasste[22] (Abb. 4), besonders auf. Übersetzt lautet es:

„Dieses Bild von Wuxing kombiniert die Stile von Wang Wei und Dong Yuan. Dabei fängt es die Feinheit von Tang-Bildern ohne ihre genauen Einzelheiten ein und erfasst die Kraft von Bildern der Nördlichen Song-Dynastie ohne ihre Härte. Dies ist unter der Bezeichnung „Den Methoden großer Meister folgen, ihre Beschränkungen jedoch vermeiden" bekannt. Deshalb werden jene Kalligraphen, welche nur direkt die Alten kopieren, aber deren Stile nicht transformieren können, ‚Kalligraphische Sklaven' genannt."[23]

Dieses Kolophon zeigt einerseits die Bezeichnung Zhao Mengfus unter dem Namen seiner Herkunft, wie bereits angekündigt wurde. Seine besondere Bedeutung erhält es aber vor allem aus seinem Autor. Dong Qichang war der wohl bedeutendste Kunsttheoretiker und –kritiker des 17. Jahrhunderts, dessen Einfluss auch noch lange Zeit nach seinem Tod anhielt.[24] Er plädierte außerdem für eine Malerei, die sich an alten Idealen orientiert, diese jedoch nicht kopiert. Von alten Meistern statt von der Natur sollte man lernen.[25] Er selbst trieb diese freie Imitation, genannt *fang* 仿, bis zur Abstraktion.[26] Ob Jin Nong diese Querrolle selbst sehen konnte, ist fraglich, da man aufgrund der Aufschriften darauf schließen kann, dass es im späten 17. Jahrhundert in die Sammlung des Kaisers Kangxi 康熙 (reg. 1662 – 1722) übergeben wurde[27]. Jedoch wurden auch Kopien dieses Werks angefertigt und durch Erzählungen gelangte es zu großer Berühmtheit, weshalb Jin wohl zumindest eine Ahnung vom Original haben musste. Aufgrund des enormen Einflusses Dong Qichangs auf spätere Generationen von Malern und Sammlern können wir davon ausgehen, dass auch seine ausnehmend positive Meinung zu diesem Bild auch bis in die Zeit der Qing-Dynastie *Qing Dai* 清代 (1644 – 1911) bekannt war. Als Jin sich dann schließlich der Malerei widmete, musste er allein schon aufgrund seiner vielen Begegnungen mit Sammlern und Künstlern sowohl von Zhaos Werk als auch Dongs Kolophon wissen. Da Jin zum Zeitpunkt seiner ernsthaften Auseinandersetzung mit der Malerei bereits keine Aussicht mehr auf eine Karriere als Beamter hatte, musste er bedenken, wie man als Gelehrtenmaler Geld verdienen konnte. Es erscheint also nur logisch, dass er sich an die Regeln des berühmten Kritikers hielt, um einen möglichst breiten Markt zu erreichen.

Um den Zusammenhang noch einmal kurz zusammenzufassen: Jin Nong wollte mit der Malerei Geld verdienen und erinnerte sich an ein Bild von Zhao Mengfu, das von Dong Qichang gelobt wurde.

---

[22] Li 1965, S. 84.
[23] Übersetzt aus dem Englischen nach Li 1965, S. 98.
[24] Cahill 1978, S. 53; Hsü 2001, S. 72.
[25] Hsü 2001, S. 72.
[26] Cahill 1982, S. 118f.
[27] Li 1965, S. 33.

Aufgrund des Wortlauts von Dongs Urteil war es naheliegend, dass er in der Art dieses alten Meisters malte, dabei jedoch nicht einfach kopierte, sondern sich nur orientierte. Die Orientierung sehe ich in der Darstellung von blauen Bergen im Hintergrund und rötlichen Elementen im Vordergrund. Durch die Wahl eines völlig anderen Motivs und Malstils stellte er sicher, keine reine Kopie anzufertigen.

2.2 Vergleich mit Shen Zhou

Michele Matteini ist jedoch der Ansicht, Jin Nong habe sich an Shen Zhou 沈周 (1427 – 1509) orientiert, einem Maler der Ming-Dynastie *Ming Chao* 明朝 (1368 – 1644), dessen Darstellung des Wassernüsse-Pflückens (Abb. 5) tatsächlich größere Ähnlichkeit mit Jin Nongs Albumblatt aufweist.[28] Diese Hängerolle misst 36,7 x 23,8 cm und befindet sich im Kyoto National Museum. Im Vordergrund sehen wir eine Landzunge, die an den linken Bildrand gerückt ist und spitz in eine Wasserfläche hineinragt, die sich vom Vorder- bis zum Hintergrund erstreckt. Rechts im Bild befinden sich einige Figuren auf Booten, die – wie aus der Aufschrift zu entnehmen ist – Wassernüsse pflücken. Zwischen der Landzunge im Vordergrund und einer zunächst hügelig beginnenden Gebirgslandschaft im Hintergrund besteht keine Landverbindung. Die Wasserfläche erstreckt sich zwischen diesen beiden Bildteilen und zieht sich bis zwischen die Berge des Hintergrundes, wo sie in einen Fluss übergeht. Über den Bergen befinden sich die Aufschrift des Malers sowie ein Siegel. Die Farbgebung ist insgesamt sehr blass gehalten. Es lassen sich dennoch zwei Farben erkennen, die das Bild bestimmen. Während die Berge im Hintergrund und auch teilweise im Vordergrund in Blau gehalten sind, zeigen einige Felsformationen im Vorder- und Mittelgrund eine rötliche Tönung auf. Andere rote Farbakzente finden sich in der Kleidung der Wassernüsse pflückenden Figuren. Nur bei genauer Betrachtung der Details lassen sich auch die Felder der Wassernüsse erkennen. Die Ähnlichkeit zwischen Jin Nongs Bild und dem von Shen Zhou ist nicht abzustreiten, wenn auch durch unterschiedliche Malstile verfremdet. Die blassen Berge im Hintergrund und roten Akzente im Vordergrund lassen dieses Bild im typischen Zhao-Mengfu-Modus erscheinen. Die Behauptung, Jin Nong habe sich an diesem Bild orientiert, scheint also nicht so abwegig zu sein. Es ist auch gut vorstellbar, dass Jin auf seinen Reisen dieses Bild sah und sich dann an das Motiv erinnerte. Doch da Shen Zhous Hängerolle offensichtlich der Tradition Zhao Mengfus typischer Farbgebung folgt, scheint bei Zhao vielmehr ein gemeinsamer Ursprung liegen. Die Wahrscheinlichkeit, dass Jin direkt von Shen Zhou abmalte, ist aus zweierlei Gründen gering. Zum einen begann er, sich der Malerei zu widmen, als Kaiser Qianlong 乾隆 (reg. 1736 – 1795) bereits regierte und damit angefangen hatte, so viele Kunstwerke wie möglich zu sammeln und in seinen Palast zu bringen, wo sie nicht mehr für jeden zugänglich waren. Daher hatte Jin zum Zeitpunkt der Entstehung des Albums wahrscheinlich keinen Zugang zu Shen Zhous Bild. Zum anderen zeigt sich in Jins Aufschrift, dass er sich, selbst wenn er es

---

[28] Karlsson 2009, S. 219.

direkt abmalte, durchaus darüber bewusst war, auf wen der Modus, den er wählte, zurückging. Aus Shens Aufschrift geht dies nämlich nicht hervor.

Somit ist Shen Zhou innerhalb einer Tradition zu sehen, die auf Zhaos bestimmende Verwendung von Kontrasten zwischen blauen und roten Bildelementen zurückgeht. Er kann also nicht als Vorbild Jin Nongs gesehen werden, sondern als Einfluss auf ihn. Hinzu kommt, dass Jin in seinem Leben schon unzählige Werke der Malerei gesehen hatte, bevor er schließlich selbst anfing zu malen. Bezüge, wie zu Zhao Mengfu, fußen daher aller Wahrscheinlichkeit nach auf Jins Erinnerungen an viele Jahre zurückliegende Begegnungen mit Sammlern sowie Malern und Kalligraphen. Insofern lässt sich nicht sagen, wer genau das Vorbild für Jin Nongs Albumblatt war. Es lässt sich lediglich sagen, dass bereits Maler vor ihm dieses Thema umgesetzt hatten und dass Jin Nong einer Traditionslinie folgte, die sich zurückverfolgen, aber nicht eindeutig festlegen lässt.

2.3   Vergleich mit Wang Hui

Die Berufung auf Zhao Mengfu liegt aber aufgrund seines durch Dong Qichang verstärkten positiven Rufes als Maler und Kalligraph nahe. So haben sich nicht nur Maler der Ming-Dynastie, wie gerade an Shen Zhou gezeigt wurde, an ihm orientiert, sondern auch Zeitgenossen Jin Nongs. Um diesen Punkt auszuführen, muss Wang Hui 王翬 (1632 – 1717) erwähnt werden. Er wurde in Changshu 常熟 in eine Familie des gebildeten Adels geboren und erfuhr eine dementsprechende Ausbildung. Bereits mit 20 Jahren wurde er zum Schüler von Wang Jian 常熟 (1598 – 1677) und später sogar von Wang Shimin 王時敏 (1592 – 1680). Dies versetzte ihn in die Lage, Zugang zu einer enormen Sammlung berühmter Werke der Song- *Song Chao* 宋朝 (960 – 1279) und Yuan-Dynastie *Yuan Chao* 元朝 (1279 – 1368) zu erlangen. Geprägt vom ständigen Umgang mit der Malerei und Kalligraphie alter Meister, wurde er berühmt für seine Fähigkeiten in der Adaption früher Stile und Methoden.[29] Er schlug keine Beamtenlaufbahn ein, verdiente mit seiner Malerei jedoch genug, um sich bis an sein Lebensende im Jahr 1717 ausreichend zu finanzieren. Die Anerkennung seines Talents als Maler ging so weit, dass er 1691 von Kaiser Kangxi in die Verbotene Stadt berufen wurde, um die Anfertigung von zwölf Querrollen zu beaufsichtigen, die des Kaisers Reisen in die südlichen Provinzen dokumentierten.[30] Somit war er in einer völlig anderen Ausgangssituation, was die Malerei betrifft, als Jin Nong, der allerdings von Wangs Werdegang gehört haben und beeindruckt gewesen sein muss. Anhand von Wang Huis Querrolle „Bergklause an einem aufklarenden Herbsttag, im Stil von Wang Meng" *Huanghe Shanren Shanzhuang Qiuji* 黃鶴山人山庄秋霽 (Abb. 6 & 7) aus dem Jahr 1692 lässt sich

---

[29] Wu 2000, S. 182.
[30] Ruitenbeek 1992, S. 270.

eine Parallele zu Jin finden. Am rechten Rand der Rolle beginnend zieht sich eine Sumpflandschaft, die mit verschiedenen Bäumen gespickt ist, über das erste Drittel des Bildes. Zwischen den Bäumen lassen sich einige Häuser, angelegte Felder, Rinder und menschliche Figuren erkennen. Der Hintergrund ist von blassen Hügeln durchzogen. An die Sumpflandschaft schließt sich eine Gebirgskette an, vor der sich die Bäume verdichten. Es sind immer noch einige Häuser dazwischen zu erkennen sowie ein Bachlauf und weiter links davon schließlich auch ein Tempel. Links des Tempels endet das Gebirge und die Querrolle läuft sozusagen in einem nach links offenen Gewässer aus, das im Hintergrund von einer blassen Hügellandschaft begrenzt wird. Die Querrolle endet mit der Inschrift des Malers sowie einigen Siegeln. Die hier dargestellte Landschaft soll laut Wang Hui nach dem Vorbild Wang Mengs 王蒙 (1308 – 1385) gemalt sein. In einem detaillierten Abschnitt lässt sich auch die Farbgebung erkennen. Diese allein erinnert mit den blassblauen Hügeln im Hintergrund und den rötlichen Blüten einiger Bäume aber bereits an Zhao Mengfu. Somit ist dieses Bild im selben Modus wie die Wassernüsse-Pflückerinnen Jin Nongs und Shen Zhous gemalt. Verstärkend kommt in diesem Beispiel hinzu, dass das erste Drittel der Querrolle bei direktem Vergleich mit den „Herbstfarben" deutliche Parallelen aufweist. Die sich stufenlos vom Vorder- in den Hintergrund aufreihende Sumpflandschaft und vor allem die vielen verschiedenen Baumarten – die auffälligen Weiden seien hier besonders hervorgehoben – erwecken den Eindruck, als habe Wang Hui Zhao Mengfus Bild vor Augen gehabt, als er sein eigenes anfertigte. Somit bleibt hier die Frage, warum er als Vorbild Wang Meng angab. Der Gebirgsteil des Bildes lässt sich zwar durchaus mit ihm vergleichen, doch die Farbgebung nimmt diesem Vergleich die Stichhaltigkeit. Es liegt nahe, dass er sich – als Literatenmaler, der sich gegen eine Laufbahn als Beamter entschied – offiziell nicht zu Zhao Mengfu bekennen wollte. Denn Zhao wurde zwar für seinen Einfluss und sein Können in der Malerei gelobt, diente allerdings auch unter der Fremdherrschaft der Mongolen, was als Abkömmling des ersten Song-Kaisers zudem verräterisch erscheinen musste.[31] Aufgrund der dennoch hohen Anerkennung für Zhao Mengfu als Maler und Kalligraph war eine inoffizielle Orientierung an seinem Stil aber üblich. Dies könnte eine Erklärung für die Irreführung in Wang Huis Aufschrift sein. Letztendlich entscheidend für Jin Nong war jedoch die Tatsache, dass gerade Wang Hui augenscheinlich im Stil Zhaos malte. Wang Hui hatte nämlich bereits einige Jahrzehnte vor Jins Malereibestrebungen gezeigt, dass man auch ohne Beamtenlaufbahn mit der Malerei sehr viel Geld verdienen und hohes Ansehen erlangen konnte. Somit muss er sich an Wang ein Vorbild genommen haben, um sein eigenes Verlangen nach Geld zu befriedigen. Dass dieses Verlangen durchaus stark war, macht eine Aufzeichnung Xiang Juns 項均 (tätig 2. Hälfte 18. Jh.) deutlich, der ab ca. 1754 zu einem Schüler Jin Nongs wurde. Darin schrieb er, dass sein Lehrer das Geld zwar liebte, aber schlicht

---

[31] Cahill 1976, S. 38.

zu faul war, den Pinsel in die Hand zu nehmen.[32] Die Tatsache, dass er das äußerte, nachdem Jin gestorben war, stärkt die Glaubwürdigkeit nur umso mehr. Anders als Wang Hui nannte Jin Nong in der Aufschrift seines Albumblattes Zhao Mengfu jedoch als sein direktes Vorbild. Zieht man Shen Zhous Interpretation der Wassernuss-Pflückerinnen hinzu bzw. Michele Matteinis Meinung, dass diese das eigentliche Vorbild für Jins Adaption des Themas sein soll, so offenbart sich die Parallele zwischen ihm und Wang Hui in Form der Aufschrift, die jeweils vom eigentlichen Vorbild ablenken soll. Im Falle von Wang Hui ist das zwar durchaus nachvollziehbar, im Falle Jin Nongs dagegen umso weniger. War doch Shen Zhou, als Gelehrtenmaler, der sich dem Beamtenleben entzog und sich ausschließlich der Kunst widmete[33], ein in Literatenkreisen vielversprechenderes Vorbild als der zwar anerkannte, jedoch auch kritisierte Zhao Mengfu.[34] Eine mögliche Erklärung für diese Nennung deutet Kim Karlsson indirekt an, wenn sie schreibt, dass Jins Aufschriften durchaus humoristischer und ironischer Natur sind.[35] Ebenso würde das bereits genannte gewollte Ausbrechen aus Traditionen und Hervorstechen unter anderen Künstlern dazu passen. Allerdings können all diese Hinweise und eventuellen Zusammenhänge auch zu weit führen, wenn man davon ausgeht, dass Jin Nong Zhao Mengfu unter Umständen nur erwähnte, weil er an ihn dachte, als er das Bild malte.

2.4 Vergleich mit Shitao

Um Jin Nongs Gründe für seinen speziellen Stil und insbesondere die Anfertigung des besprochenen Albumblatts deutlich zu machen, muss ein weiterer seiner Vorgänger hinzugezogen werden. Die Rede ist von Shitao 石濤 (1641 – 1707). Dieser Maler der frühen Qing-Dynastie wird uns erneut begegnen, wenn wir uns im abschließenden Kapitel mit Jin Nongs eigentümlicher Kalligraphie beschäftigen. An dieser Stelle soll er jedoch als Maler betrachtet werden. Auf dem Albumblatt „Frühlingsbrise bei aufgehendem Mond" *Chunfeng Chui Yueqi* 春風吹月起, wie Jonathan Hay sie nennt[36], bzw. „Einzelnes Boot auf einem Fluss", wie es im *Museum of Fine Arts Boston* genannt wird (Abb. 8), stellt eine Szenerie dar, der wir im Laufe dieser Arbeit bereits öfter begegnet sind. In einem Album, das die Bezeichnung „Landschaften für Liu Shitou" trägt und 1703 entstand, bildet es das erste Blatt und misst 47,5 x 31,3 cm. Darauf sehen wir den Vordergrund dominierende Felsen, die aus einem Gewässer ragen und von Wasserpflanzen umgeben sind. In der Mitte des Bildes ist eine Figur auf einem Boot zu sehen, die ihre Hand ins Wasser streckt. Die Pflanzen ziehen sich bis vor den Hintergrund, den ein einzelner Berg bildet, welcher durch Nebel noch weiter in die Ferne gerückt ist.

---

[32] Hsü 2001, S. 199.
[33] Cahill 1978, S. 82.
[34] Cahill 1976, S. 19.
[35] Karlsson 2009, S. 134 u. 139.
[36] Hay 2001, S. 224.

Der sehr blass gemalte, hellblaue Berg steht im Kontrast zum dunklen Felsen des Vordergrundes. Einige rote Akzente sind an Teilen des Felsens sowie im Boot zu sehen. Im Vergleich mit den bisher betrachteten Bildern des „Wassernüsse-Pflückens" zeigen sich wiederum starke Parallelen. Diese lassen den Schluss zu, dass es sich auch hier um jemanden handelt, der Wassernüsse pflückt.

Abgesehen vom Malstil und der genauen Komposition, worin sich alle aufgeführten Beispiele unterscheiden, sticht als Gemeinsamkeit von allem die prägnante blau-rote Farbgebung hervor. Es wirkt geradezu so, als ob Shen Zhou, Shitao und Jin Nong dasselbe Bild sahen und es in ihrem eigenen Stil umsetzten. Damit zeigt sich lediglich, dass dieses Motiv bei den Nachfolgern Zhao Mengfus durchaus beliebt war. Es kann aber nicht allein die Tradition ausmachen, auf die sie sich bezogen. Diese liegt meiner Meinung nach offensichtlich in der Verwendung blau-roter Farbkontraste, welche oftmals in blassen Tönen wiedergegeben wurden. Wang Huis Bild bestärkt diese These noch einmal, da er offiziell Wang Mengs Stil adaptierte, jedoch durch gezielte Auswahl der Motive und insbesondere der Farbgebung eindeutig in dieselbe Tradition eingeordnet werden kann, in der die oben Genannten malten. Der Grund für Jin Nongs Motivwahl lag meiner Meinung nach also schlicht darin, dass es auch schon bei Malern der Vergangenheit und Gegenwart, mit denen er sich identifizieren konnte bzw. von denen er lernen konnte, benutzt wurde, um sich auf Zhao Mengfu zu beziehen. Vor allem die Maler kurz vor seiner Zeit sollten ihm aufgrund ihres Erfolgs als wichtigste Vorbilder dienen.

3. Kalligraphie

Bevor wir uns nun jedoch der Antwort auf die Frage nach Jins Ursprüngen für seinen besonderen Malstil nähern, muss noch auf eine Eigenheit eingegangen werden, für die Jin Nong ebenso berühmt ist wie für seine Dichtung und Malerei: die Kalligraphie.[37]

Wie bereits im Abriss über sein Leben gesagt, zeichnete sich Jin schon früh für seine Sammelleidenschaft aus, die sich vor allem in einer Sammlung mehrerer hundert Steinabreibungen von Inschriften auf Stelen aus der Han- (206 v. – 220 n. Chr.) und Wei-Dynastie (220 – 265) manifestierte. Eine besondere Rolle spielte dabei die Abreibung einer Stele des Huashan-Klosters (Abb. 9), die Jin laut Kim Karlsson als „mein Lehrer" bezeichnete und immer wieder abschrieb.[38] Als Vergleich ist hier nun eine Reproduktion der genannten Abreibung aus dem Jahr 165 zu sehen, die Jin als Vorbild diente. Daneben betrachten wir ein Beispiel für die Nachahmung durch Jin (Abb. 10). Die Ähnlichkeit zeigt sich vor allem im deutlichen Unterschied zwischen vertikalen und horizontalen

---

[37] Karlsson 2009, S. 134
[38] Ibid.

Strichen. Die Unterschiede sind minimal. So wirkt Jins Schrift etwas unkontrollierter und weicher.

Dies ist vor allem darauf zurückzuführen, dass Jin einen Pinsel benutzte, während die Vorlage in Stein eingemeißelt wurde. Doch obwohl seine Kalligraphie unter seinen Zeitgenossen sehr beliebt war und auch als innovativ bezeichnet wird[39], änderte sich sein Schreibstil, als er begann, mit der Malerei Geld zu verdienen. Ich denke, dass der Grund hierfür in einem seiner Vorgänger zu finden ist, dessen Vorbildfunktion in der Malerei bereits angedeutet wurde und nun noch verstärkt wird.

3.1   Vergleich mit Shitao

Shitaos kalligraphischer Stil lässt sich am besten als äußerst eigenwillig beschreiben. Obwohl er sich, wie üblich für Gelehrtenmaler, stets auf alte Meister wie Dong Qichang und Su Dongpo 蘇東坡 (1037 – 1101) berief[40], unterschied sich sein Stil teilweise deutlich von dem seiner angeblichen Vorbilder. Im direkten Vergleich zwischen Su Dongpos und Shitaos Kalligraphie lassen sich zwar manchmal Ähnlichkeiten zwischen Song- und Qing-Maler erkennen, doch sehr oft zeigen sich bei letzterem einzigartige Züge, die nicht bei seinen Vorbildern zu finden sind. Shitao orientierte sich also an bestimmten Vorbildern und entwickelte daraus einen eigenen Stil, den er zudem noch oftmals variierte. Dies verhalf ihm zu großer Anerkennung, was wiederum zu seinem monetären Vorteil wurde.[41] Vergleicht man nun Jin Nongs frühe Abschriften der Huashan-Stele mit einem Beispiel für Shitaos Kalligraphie (Abb. 11), kommt man nicht umhin, eine starke Ähnlichkeit zwischen ihnen festzustellen. Dies könnte einerseits bedeuten, dass sich Jin Nong und Shitao in ihrer Interpretation antiker Vorbilder wie z.B. der Huashan-Stele glichen, was wohl so unwahrscheinlich ist, wie es klingt. Eine andere Möglichkeit liegt darin, dass der eine die Technik des anderen kennenlernte und adaptierte, sich dann aber auf antike Quellen bezog, um der Tradition der gelehrten Maler und Kalligraphen treu zu bleiben. Shitaos Beispiel ist auf 1703 datiert. Zur selben Zeit war Jin Nong 16 Jahr alt, also in einem Alter, in dem man im China der Qing-Dynastie als besonderes Talent – was Jin Nong in der Dichtung auch zugesprochen wird – durchaus schon künstlerisch tätig sein konnte. Die Wahrscheinlichkeit, dass Shitao im Alter von 61 Jahren den Schreibstil eines Sechzehnjährigen imitierte, ist jedoch verschwindend gering. Bleibt also noch die Möglichkeit, dass Jin Nong die Kalligraphie von Shitao zu Gesicht bekam und seinerseits nachahmte. Es bleibt aber anzunehmen, da Jin Nong ohnehin eine Vorliebe für antike Schriften hatte, dass Shitaos Stil aufgrund seiner Ähnlichkeit zu solch alten Quellen so attraktiv für ihn war. Zu dieser These würde auch der Bezug auf die Huashan-Stele passen, da es, wie bereits an einigen Beispielen gezeigt wurde, üblich war, Vorbilder aus früheren Zeiten zu nennen, selbst wenn die eigentliche Inspiration zeitlich näher lag. Jin

---

[39] Ibid.
[40] Hay 2001, S. 186.
[41] Ibid., S. 184.

Nong schaffte, trotz aller Orientierung an Zeitgenossen und deren Stilen, zahlreiche Schreibstile, die sich zwar an antiken Schriften orientierten, von ihm aber einzigartig adaptiert wurden. So müssen Typen wie das „Gedenkschrift-Kursiv" *zhangcao* 章草, die „Imitation von Song-Schrift" *fangsong* 仿宋 sowie die erfinderischste Kreation der „Lackschrift" *qishu* 漆書 als Beispiele seines kreativen kalligraphischen Schaffens genannt werden.[42]

Zusammenfassend lässt sich sagen: Jin Nong war ein Sammler, Antiquariat, Dichter und Kalligraph, bevor es ihn zur Malerei zog. Da er viel reiste, kam er mit vielen Werken alter Meister in Berührung, aber vor allem auch mit zeitgenössischer Malerei und Kalligraphie. Er zeigte keine Ambitionen, in irgendeiner Weise eine Beamtenlaufbahn einzuschlagen und schlug schließlich im Alter von 50 Jahren die Einladung zum *boxue hongci* aus, welche in seinem Leben die letzte Möglichkeit war, Beamter zu werden und sich finanziell abzusichern. Also musste er das Geld, das er, wie erwähnt, so liebte, auf andere Weise beschaffen. An dieser Stelle will ich Jin Nong zwar nicht ausschließlich darauf beschränken, aus finanzieller Not heraus zum Maler geworden zu sein. Dennoch liegt die Vermutung nahe, dass dies der ausschlaggebende Grund für seine neuen Bestrebungen war. Darüber hinaus war er wohl mit Malern der Qing-Dynastie, die in seiner Jugend zu den großen Berühmtheiten auf diesem Gebiet zählten, vertraut. Gelehrtenmaler wie Shitao und Wang Hui hatten ihm unmittelbar demonstriert, dass man mit der Malerei zu Ruhm und zumindest gewissem Reichtum gelangen konnte. Also erscheint es nur logisch, dass Jin Nong sich hauptsächlich an ihnen und ihren Vorbildern orientierte. Vor Imitation sicherte er sich dabei gekonnt ab, indem er einen bewusst primitiven Malstil und entfremdete Motive für seine Bilder benutzte. Da seine Kalligraphie auch schon vor seiner Malerei beliebt war, hielt er an dem Vorbild der Huashan-Stele fest, ohne jedoch Gefahr zu laufen, als Kopist von Shitao bezeichnet zu werden. Er änderte nämlich seinen Schreibstil von ehemals rundlichen, weichen Formen mit ausgeprägten horizontalen Strichen zu einer schärferen, immer noch antik-orientierten, jedoch neuartigen Schrift, die gleichmäßiger wirkt. Er passte sich also dem an, was seiner Meinung nach auf dem Markt gefragt war und schaffte dies mit herausragender Souveränität. Sein primitiver Malstil, ob gewollt oder nicht besser gekonnt, verhalf ihm dabei zu einer Einzigartigkeit, die ihn von allen früheren und zeitgenössischen Malern abgrenzte und in dem von Dong Qichang formulierten Ideal der Innovation und Entfremdung von der Realität erstrahlen ließ. Den Hauptgrund für all diese Eigenschaften seiner Malerei und Kalligraphie sehe ich in seinem Alter bzw. dem späten Anfang seiner Malpraxis. So hatte er in seinem Leben Unmengen theoretischer Erfahrungen gesammelt, bevor er schließlich anfing, sie in die Praxis umzusetzen.

---

[42] Wu 2000 Vol. I, S. 243.

4.   Schlussbemerkungen

Ein letztes Bild aus dem Jahr 1761 soll diese Arbeit beenden. Es dient als Inbegriff Jin Nongs besonderer Originalität und gewährt uns einen Einblick in seinen Charakter, der in dem besprochenen Albumblatt von 1759 auch schon teilweise gegeben war.

„Strahlen des Mondes" *Yuehua* 月華 (Abb. 12) malte Jin Nong im Alter von 74 Jahren als Geschenk für einen Herrn Shutong 墅桐. Für dieses Bild lässt sich kein Vorgänger und somit auch kein Vorbild finden.[43] Es soll damit an dieser Stelle stellvertretend für Jins Einzigartigkeit und Kreativität stehen. Durch seine oft selbstreferenzielle Art, liegt auch hier die Vermutung nahe, dass er das Bild auf sich bezieht. Parallel erwähnt er in der Aufschrift nicht nur sein Alter, sondern schmückt es zusätzlich mit der Bezeichnung „alter Mann" *sou* 叟 aus. So haben wir hier zum ersten Mal, statt einer nostalgischen Szenerie in Verbindung mit Klagen über das hohe Alter, die Darstellung eines hell am Himmel stehenden Vollmondes, dessen Strahlen sogar weit nach außen ragen. Wenn dieses Bild, wie eigentlich typisch für Jin Nong, selbstreferenziell zu verstehen ist, so sehen wir hier wenige Jahre vor seinem Tod noch eine entscheidende Wende in seiner Sicht auf sein Leben und den Umgang damit, eventuell sogar das Wissen um seine Stellung unter den Malern der Qing-Dynastie als großes Vorbild für viele nachfolgende Generationen.

---

[43] Rogers & Lee 1989, S. 194.

Abbildungen

Abb. 1: Jin Nong – Blatt 5 aus *Album mit Figuren und Landschaften*, 26,1 x 34,9 cm, dat. 1759, Shanghai Museum.

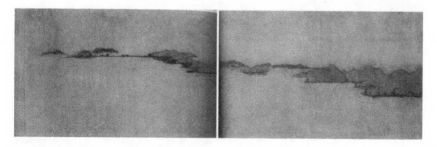

Abb. 2: Zhao Mengfu – *Landschaft in Wuxing*.

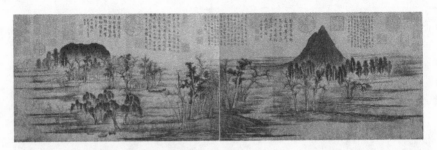

Abb. 3: Zhao Mengfu - *Herbstfarben auf den Que- und Hua-Bergen*, ca. 93 x 28 cm, dat. 1295.

Abb. 4: Dong Qichang – Aufschrift auf Zhao Mengfus *Herbstfarben*, dat. 1605.

Abb. 5: Shen Zhou – *Wassernüsse pflücken*, 36,7 x 23,8 cm, dat. 1466, Kyoto National Museum.

Abb. 6: Wang Hui - *Bergklause an einem aufklarenden Herbsttag, im Stil von Wang Meng*, dat. 1692, Detail.

Abb. 7: Wang Hui - *Bergklause an einem aufklarenden Herbsttag, im Stil von Wang Meng*, dat. 1692.

Abb. 8: Shitao – „Einzelnes Boot auf einem Fluss", Blatt 5 aus dem Album *Landschaften für Liu Shitou*, 47,5 x 31,3 cm, dat. 1703, Museum of Fine Arts, Boston.

Abb. 9: Abreibung der Inschrift auf einer Stele
des Huashan-Klosters, dat. 165 n. Chr.

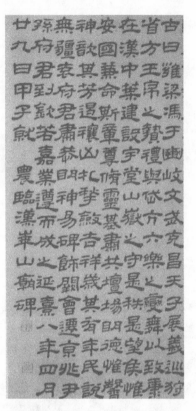

Abb. 10: Jin Nong – Abschrift von Abb. 9.

Abb. 11: Shitao – Aufschrift auf „Grünender Frühling" aus dem Album *Landschaften für Liu Xiaoshan*,
47, 4 x 31,5 cm, dat. 1703, Nelson Atkins Museum of Art, Kansas City.

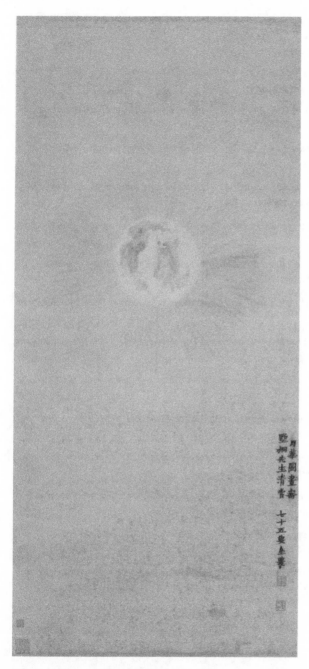

Abb. 12: Jin Nong – *Strahlen des Mondes*, dat. 1761.

Bibliographie

CAHILL, James: *Hills beyond a River – Chinese Painting of the Yüan Dynasty, 1279 – 1368,* Weatherhill, New York, 1976.

CAHILL, James: *Parting at the Shore – Chinese Painting of the Early and Middle Ming Dynasty, 1368 – 1580,* Weatherhill, New York, 1978.

CAHILL, James: *The Distant Mountains – Chinese Painting of the Late Ming Dynasty, 1570 – 1644,* Weatherhill, New York 1982.

CHOU, Ju-hsi & Brown, Claudia: *The Elegant Brush – Chinese Painting under the Qianlong Emperor 1735 – 1795,* Phoenix Art Museum, Phoenix, 1985.

HAY, Jonathan: *Shitao – Painting and Modernity in Early Qing China*, Cambridge University Press, New York, 2001.

HSÜ, Ginger Cheng-chi: *A Bushel of Pearls – Painting for Sale in Eighteenth-Century Yangchow*, Stanford University Press, Stanford, 2001.

KARLSSON, Kim: *Luo Ping – The Life, Career, and Art of an Eighteenth-Century Chinese Painter*, Peter Lang, Bern, 2004.

KARLSSON, Kim [Hrsg.] et al.: *Luo Ping – Visionen eines Exzentrikers (1733 – 1799)*, Museum Rietberg, Zürich, 2009.

LI, Chu-Tsing: *The Autumn Colors on the Ch'iao and Hua Mountains – A Landscape by Chao Meng-fu*, Artibus Asiae, Ascona, 1965.

LI, Chu-tsing: *A Thousand Peakrs and Myriad Ravines – Chinese Paintings in the Charles A. Drenowatz Collection,* Artibus Asiae, Ascona, 1974.

ROGERS, Howard und Lee, Sherman E.: *Masterworks of Ming and Qing Painting from the Forbidden City*, Honolulu Acadamy of Arts, Honolulu 1989.

RUITENBEEK, Klaas [Hrsg.]: *Discarding the Brush – Gao Qipei (1660 – 1734) and the Art of Chinese Finger Painting*, Rijksmuseum Amsterdam, Amsterdam, 1992.

VINOGRAD, Richard Ellis: *Boundaries of the Self – Chinese Portraits, 1600 – 1900,* Cambridge University Press, Cambridge, 1992.

WU, Marshall P.S.: *The Orchid Pavilion Gathering – Chinese Painting from the University of Michigan Museum of Art*, Vol. I & II, University of Washington Press, Ann Arbor, 2000.

Bildnachweis

Abb. 1: KARLSSON, Kim [Hrsg.] et al.: *Luo Ping – Visionen eines Exzentrikers (1733 – 1799)*, Museum Rietberg, Zürich, 2009, S. 137.

Abb. 2: WU, Zhefu: *Zhonghua wu qian nian wen wu ji kan* 中华五千年文物集刊 (Fünftausend Jahre chinesischer Kunst), Zhonghua wuqian nian wenwu jikan bianji weiyuanhui 中华五千年文物集刊编辑委员会, Taibei, 1990, S. 26f.

Abb. 3: PEN, She [Hrsg.]: *Zhao Mengfu huaji* 赵孟富画集, Shanghai shuhua chubanshe 上海书画出版社, Shanghai, 1995, S. 2.

Abb. 4: PEN, She [Hrsg.]: *Zhao Mengfu huaji* 赵孟富画集, Shanghai shuhua chubanshe 上海书画出版社, Shanghai, 1995, S. 60f.

Abb. 5: KEI, Suzuki: *Comprehensive Illustrated Catalog of Chinese Paintings – Vol. 3 Japanese Collections: Museums,* University of Tokyo Press, Tokyo, 1984, S. 392.
Auch: Online-Präsenz des *Kyoto National Museum*, verfügbar unter:
http://www3.kyohaku.go.jp/cgi-bin/liste.cgi?mz_synm=0000000661&gazo_no=1&limit_no=0&bunrui=Painting&kuni=China:Ming

Abb. 6: RUITENBEEK, Klaas [Hrsg.]: *Discarding the Brush – Gao Qipei (1660 – 1734) and the Art of Chinese Finger Painting*, Rijksmuseum Amsterdam, Amsterdam, 1992, S. 204.

Abb. 7: RUITENBEEK, Klaas [Hrsg.]: *Discarding the Brush – Gao Qipei (1660 – 1734) and the Art of Chinese Finger Painting*, Rijksmuseum Amsterdam, Amsterdam, 1992, S. 205.

Abb. 8: Online-Präsenz des *Museum of Fine Arts, Boston,* verfügbar unter:
http://www.mfa.org/collections/search_art.asp?coll_keywords=shitao&submit.x=0&submit.y=0

Abb. 9: KARLSSON, Kim [Hrsg.] et al.: *Luo Ping – Visionen eines Exzentrikers (1733 – 1799)*, Museum Rietberg, Zürich, 2009, S. 134.

Abb. 10: CHANG, Yü-ming: *Yangzhou baguai shufa inzhangxuan* 扬州八怪书法印章选, Jiangsu meishu chubanshe 江苏美术出版社, Nanjing, 1993, 附图上编, S. 38.

Abb. 11: HAY, Jonathan: *Shitao – Painting and Modernity in Early Qing China*, Cambridge University Press, New York, 2001, S. 225.

Abb. 12: ROGERS, Howard und Lee, Sherman E.: *Masterworks of Ming and Qing Painting from the Forbidden City*, Honolulu Acadamy of Arts, Honolulu 1989, S. 98.

CPSIA information can be obtained
at www.ICGtesting.com
Printed in the USA
BVHW031740220820
586901BV00031B/1886

9 783656 671008